AF482146

数学是打开世界的一把钥匙。

一起成为小小数学家吧！

探索成员 1：小翼

长着一头自来卷的小翼热爱数学、喜欢钻研，是同学们公认的学霸，被大家亲切地称为"小牛顿"。

探索成员 2：茜茜

活泼可爱、勤奋好学的茜茜是"小牛顿"的同班同学，她记录了每次的数学探索项目。

探索成员 3：小鹦鹉

聪明机智，爱提问题的小鹦鹉是探索小组唯一会飞的成员，也是探索小组的观察能手！

探索成员 4：大猫

憨厚幽默，思路灵活，大猫在关键时刻常常表现出众，给探索小组带来了不少欢乐。

厉害了！我的数学

时间的历史

曲少云/文　李卓颖/图

中国和平出版社
China Peace Publishing House

图书在版编目（CIP）数据

时间的历史 / 曲少云文 ; 李卓颖图 . -- 北京 : 中
国和平出版社，2023.4
　（厉害了！我的数学）
　ISBN 978-7-5137-2387-9

　Ⅰ . ①时… Ⅱ . ①曲… ②李… Ⅲ . ①时间 – 儿童读
物 Ⅳ . ① P19–49

　中国版本图书馆 CIP 数据核字 (2022) 第 147900 号

厉害了！我的数学

时间的历史　　　　　曲少云/文　李卓颖/图

策　　划	代新梅		经　　销	全国各地书店	
责任编辑	代新梅				
美术编辑	弯　弯		开　　本	880mm×1230mm　1/20	
责任印务	魏国荣		印　　张	2	
出版发行	中国和平出版社（北京市海淀区花园路		字　　数	30 千字	
	甲 13 号院 7 号楼 10 层　100088）				
	www.hpbook.com　　bookhp@163.com		版　　次	2023 年 4 月第 1 版　　2023 年 4 月第 1 次印刷	
发 行 部	（010）82093832　　82093801（传真）		书　　号	ISBN 978-7-5137-2387-9	
出 版 人	林　云		定　　价	22.00 元	

版权所有　侵权必究
本书如有印装质量问题，请与我社发行部联系退换 010-82093832

大多数生物随着太阳升起又落下安排生活，这是最简单的时间——"生物钟"。

为了适应自然环境，不同动物、植物逐渐发展出了独特的"生物钟"。这些"生物钟"成了当地人感知时间最早的"钟表"。比如：

非洲的报时虫，1小时身体换一种颜色，被称为"虫钟"；

南非的大叶树，2小时叶子翻动一次，被称为"活树钟"；

南美洲的第纳鸟，每30分钟就叽叽喳喳叫一次，被称为"鸟钟"。

第纳鸟

去身边寻找美丽的"花钟"吧！

约凌晨 3 点钟，蛇麻花首先开花；

约凌晨 4 点钟，牵牛花的大喇叭张开了；

约凌晨 5 点钟，野蔷薇花开；

约清晨 6 点钟，龙葵开花；

约早上 7 点 30 分，郁金香绽放；

约上午 10 点钟，半枝莲开花；

约上午 11 点钟，大爪草花盛开；

约中午 12 点钟，午时花迎着烈日怒放；

约下午 3 点钟，万寿菊花开；

约下午 5 点钟，紫茉莉开花，香气四溢；

约傍晚 6 点钟，烟草花绽开；

约晚上 7 点钟，月光花吐蕊；

约晚上 8 点钟，月见草开花。

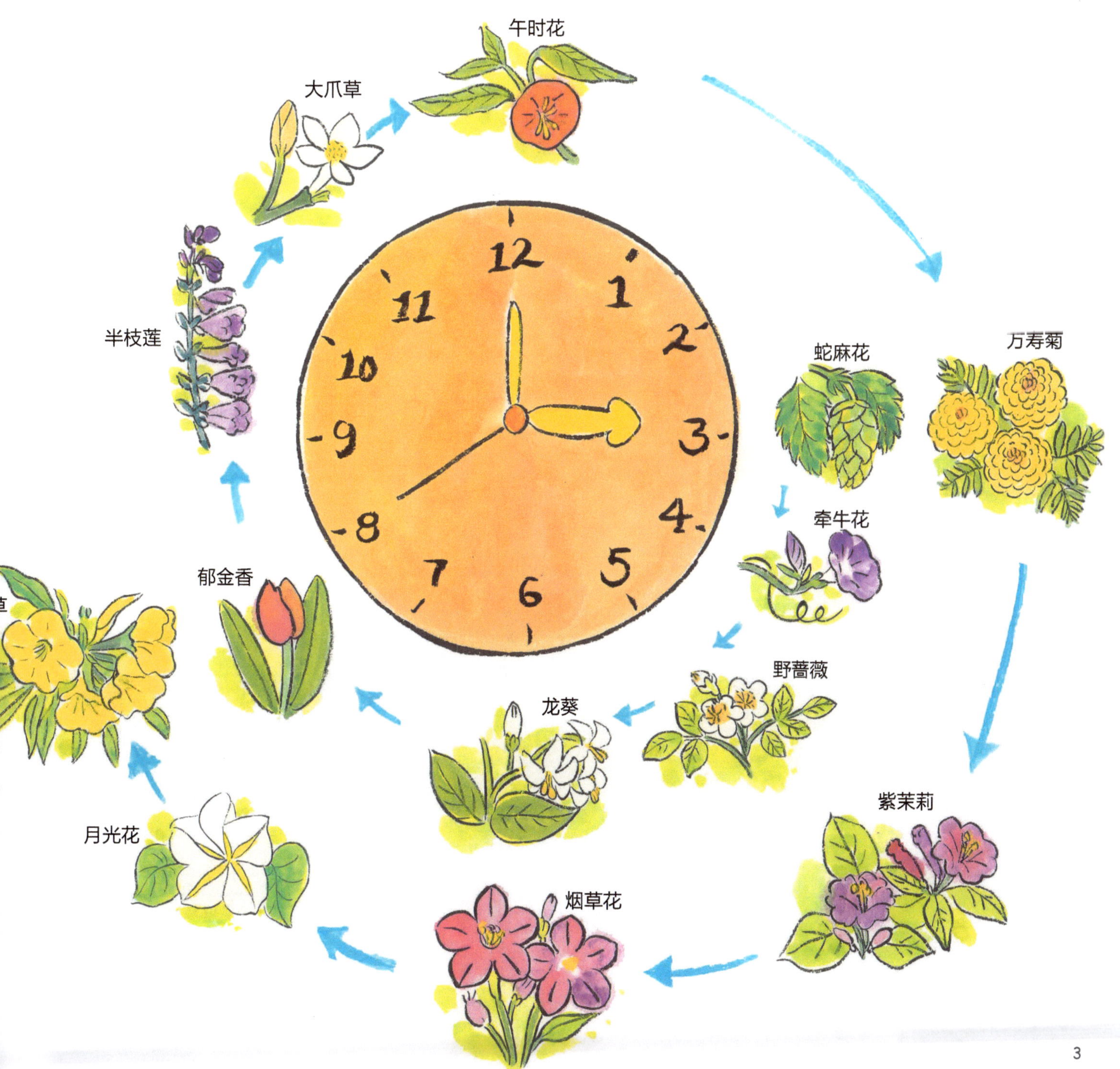

午时花
大爪草
半枝莲
蛇麻花
万寿菊
牵牛花
野蔷薇
龙葵
紫茉莉
烟草花
月光花
郁金香
12
11
10
9
8
7
6
5
4
3
2
1

除了大自然中的动物钟、植物钟，随着生活日益丰富，技术逐渐发展，人们偶然间发现了钟表的雏形。

钻木取火，烤熟食物

削尖树枝打猎

打铁制造工具

铸陶器，装米盛水

造的工具不好用，是最让人头疼的事情。好端端的一罐水，竟然因为陶器开裂，慢慢漏光，真是可惜。

1滴、2滴……水均匀滴出。接满一碗水就是做一顿饭的功夫。

每漏满一碗水，我就做一个记号。水漏到第5根记号处，就是一上午。

到第4根记号了，要做饭了。

漏水的陶器，自然叫"漏壶"，这个一开始给人带来麻烦的物件，竟然和做事花掉的时间有关。漏壶就这样派上用场，成了利用水流计量时间的工具。

漏壶类的时间装置，后来演变出很多种类型。除滴漏外，还有箭漏、称漏，后来还发展出莲花漏等。

箭漏：中国最早的漏壶，分为沉箭漏和浮箭漏。使用时，首先在漏壶中插入一根刻有时刻的标杆——箭，并用箭舟相托，浮于水面。

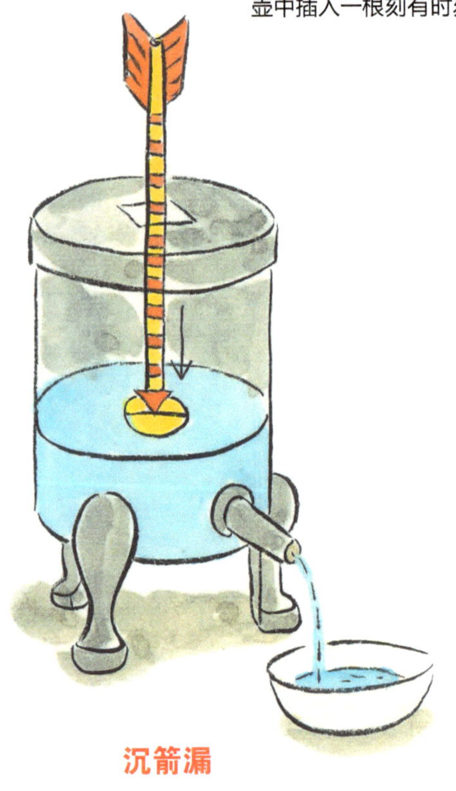

沉箭漏

水从漏壶底部侧面流出，浮在漏壶水面上的箭随着水面下沉。用箭上的刻度指示时间进程。

浮箭漏

水从漏壶侧面流入，浮在壶面上的箭随着水面上升。用箭上的刻度指示时间进程。

称漏

水经虹吸管从漏水壶流到秤钩上的受水壶。水流
一升，重量增加一斤*，时间刚好经过一刻。移动
称砣，使称杆平衡，称杆上显示的斤两可以转化
成时刻，称漏的准确度比其他类型的漏壶更高。

*古代 斤与今天不同，为 16 两制。

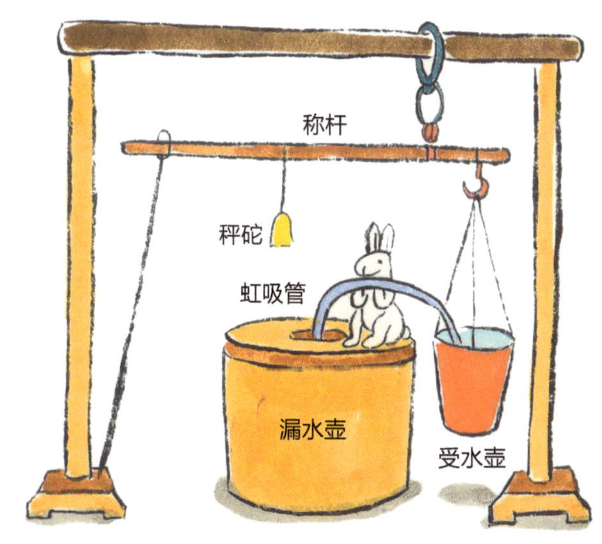

莲花漏

上匮和下匮是两个漏水壶，下匮水位稳定，
有助于消除水位变化引起的误差；浮箭插
入壶上莲心，可保持平稳上浮。这两个设
计提高了计时的精确度。

（guǐ）
中国人在时间应用的早期，最伟大的发明当属"日晷"。它是"自然"与"工具制造"完美结合的产物。

11

　　"日晷"中的"日"指太阳；"晷"指太阳的影子。只要天气晴朗，日晷就能发挥作用。在日晷上，通过观测太阳影子的位置，能将白天的各个时刻确定下来。

去手工区找到日晷拼插图形，
做一个属于自己的日晷吧！

东
西
这是下午太阳留下的影子。
相等的时间，太阳的影子转动相等的角度。
晷针
* 晷针指向正北

在日晷上，子、丑、寅、卯、辰……表示的时间段，叫"时辰"，相当于现在的两个小时，对应到今天分别是——

丑：1:00-3:00

鸡鸣：雄鸡啼鸣不已，天色由暗渐明，曙光初现。

卯：5:00-7:00

日出：指太阳刚刚露脸，冉冉升起的那段时间。

巳：9:00-11:00

隅中：临近中午的时候

子：23:00-1:00

夜半：半夜。

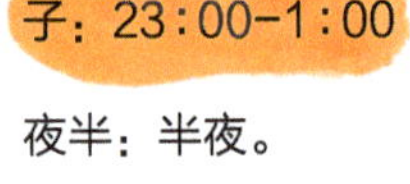

寅：3:00-5:00

平旦：即黎明，夜与日的交替之际。

辰：7:00-9:00

食时：古人第一次进食，即早饭时间。

未：13:00-15:00

日跌：太阳偏西。

酉：17:00-19:00

日入：太阳落山的时候。

亥：21:00-23:00

人定：就是人静，人们停止活动，安歇睡眠了。

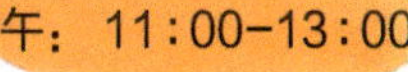

午：11:00-13:00

日中：就是正午。

申：15:00-17:00

晡时：第二次进餐之时。

戌：19:00-21:00

黄昏：此时太阳已经落山，天将黑未黑。

　　和日晷相对的是"月晷"。它通过月球方位的变化来测定时刻。月晷不仅可以测出十二个时辰，还能测出更长范围的时间——一个月有多少天。

现在就抬起头，连续观察每天夜晚的月亮吧。把月亮的形状变化画下来——可以知道经过多少天，月亮回到第一天观察的样子。

有了"一天""一个月"，当然离不开"一年"。古人发现，如果在地面直立一根竹竿，在不同的时节，竹竿在正午时分投下的日影永远指向正北方向。不仅如此，这个日影会随着日子的流逝，由长变短，再由短变长，回到原来的长度。

根据正午时分日影的变化规律可以知道"一年"有多长，还可以知道什么样的日影对应什么节气。日影最短的那天是"夏至"；最长的那天是"冬至"。从夏至到冬至，再回到夏至，时长恰好就是"一年"。

正是基于对太阳、月亮等星辰变化的观测，人们掌握了时间。那些古老的时间仪器因与"天象"有关，大都独立保存在和天文有关的博物馆内。

一天、一个月、一年构成了人们计时的自然单位。后来，随着机械制造水平的发展，人们对时间的把握越来越准确。

看看这些计时单位，你对哪些还不熟悉？在 □ 内画个 √ 吧。

□ 千年：1千年＝1000 年
□ 世纪：1世纪＝100 年

□ 年：1 年＝365 天
□ 闰年：1 闰年＝366 天
□ 月：1 个月有 28、29、30 天，或 31

小时：1 小时 = 60 分钟
分钟：1 分钟 = 60 秒
秒：时间基本单位
毫秒：1000 毫秒 = 1 秒
周：1 周 = 7 天
天：1 天 = 24 小时

可是，不同的地方，太阳升起落下的时间不一样。那可怎么办呀？

你吃午饭的时候

法国人刚刚起床吃早饭

美国人还在前一天的半夜

如果分不清各地的时间，那真是会一团糟！

请给我发来一份商业计划书。

呃，现在是什么时间？

嗨！我到机场了，航程9个小时，约下午3点到北京。

可是现在已经下午1点了！

　　为了方便各地的人们联络，科学家将地球平均划分为24个时区。相邻时区相差一个小时，以英国伦敦的格林威治为时间基准。

现在是英国时间5点整。
这个时候，北京是13点整。

有了时区，时间就有了转换的标准。不同时区的人，再也不用被时差困扰了。

现如今，地球是一个相互联通的大世界，无论何时，各地的人们都在用各种方式发生着密切的关联。

这里有一只表，有 12 大格、60 小格，还有指向准确时间的时针、分针、秒针。

1 小时 =60 分钟；1 分钟 =60 秒。

① 时针转3大格，分针转　　　　圈。

② 分针转6小格，秒针转______圈。

③ 时针转1大格，你能确定
　　秒针转多少圈吗？

答案见文末。

① 时针转3大格，分针转3圈。

② 分针转6小格，秒针转6圈。

③ 时针转1大格，秒针转3600圈。

阴历和阳历

　　阴历，是中国传统的历法之一，它依据月亮的运行周期确定"一个月"。月亮绕行地球一圈为一个月。你可以通过观察夜空中月亮的圆缺状态，确定现在是一个月的哪一天。月亮每个月都会圆一次，一年会圆12次。

　　阳历，又称太阳历，它依据地球绕太阳公转的运行周期确定"一年"。地球绕太阳一圈约为一年。如今世界通行的阳历是平年365天，闰年366天，每四年一个闰年；每满百年减一个闰年。

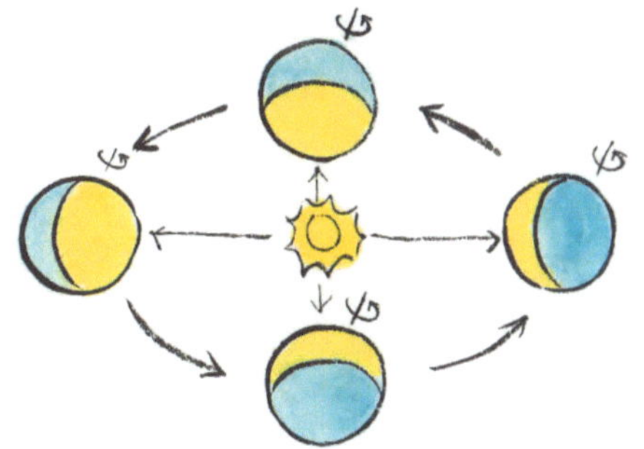

"厉害了！我的数学" 系列科普图画书

- 《数的起源》
- 《自然数、整数、0》
- 《时间的历史》
- 《口算通关法》
- 《等号和加减乘除》

- 《辨识空间方位》
- 《为什么是三角形》
- 《四边形的奥秘》
- 《正方体》
- 《分类和找规律》

作者简介

曲少云 / 文

　　数学科普教育专家，教育心理硕士，拥有20余年数学教龄，对中国孩子的数学学习和发展轨迹了如指掌，能够系统、科学地指导孩子进行数学学习和训练。著有系列畅销书"今晚七点半，数学妈妈的游戏课""奇妙的数学游戏书"等，累计销量超过100万册。线上课程"如何开发孩子的数学潜力""数学启蒙，父母是最好的老师"广受老师、家长赞誉。

李卓颖 / 图

　　绘本创作者，动画专业硕士，毕业于广州美术学院及荷兰圣优斯特艺术学院。

　　作品有《公主怎么挖鼻屎》《溜达鸡》《从前有个筋斗云》《两个小妖精抓住一个老和尚》。作品曾获第二届"信谊图画书奖"，第二届小凉帽国际绘本奖优秀作品奖，2016年深圳读书月"年度十大童书"。《从前有个筋斗云》入选第十三届全国美展，入选教育部推荐书目。

www.ingramcontent.com/pod-product-compliance
Lightning Source LLC
Chambersburg PA
CBHW042004110726
48006CB00004B/975